MULTIPLICATION WORKBOOK GRADE 3 MATH ESSENTIALS
Children's Arithmetic Books

All Rights reserved. No part of this book may be reproduced or used in any way or form or by any means whether electronic or mechanical, this means that you cannot record or photocopy any material ideas or tips that are provided in this book

Copyright 2016

Single or Multiple Digit Multiplication

Show your solutions in the space provided.

1) 9 x 8 = ☐   5) 1 x 2 = ☐

2) 8 x 7 = ☐   6) 20 x 4 = ☐

3) 5 x 5 = ☐   7) 14 x 5 = ☐

4) 16 x 6 = ☐   8) 13 x 4 = ☐

9) 11 x 9 = ☐   13) 13 x 7 = ☐

10) 13 x 4 = ☐   14) 2 x 2 = ☐

11) 13 x 8 = ☐   15) 11 x 8 = ☐

12) 6 x 2 = ☐   16) 17 x 10 = ☐

17) 13 x 12 = ☐   21) 20 x 13 = ☐

18) 2 x 13 = ☐   22) 9 x 13 = ☐

19) 11 x 17 = ☐   23) 9 x 17 = ☐

20) 3 x 15 = ☐   24) 9 x 12 = ☐

25) 11 x 17 =
26) 8 x 11 =
27) 8 x 19 =
28) 5 x 11 =
29) 9 x 13 =
30) 11 x 19 =
31) 16 x 11 =
32) 1 x 17 =

33) 6 x 18 = ☐   37) 5 x 15 = ☐

34) 8 x 17 = ☐   38) 20 x 17 = ☐

35) 13 x 13 = ☐   39) 14 x 18 = ☐

36) 15 x 18 = ☐   40) 20 x 16 = ☐

41) 17 x 17 = ☐   45) 20 x 13 = ☐

42) 10 x 13 = ☐   46) 14 x 16 = ☐

43) 13 x 18 = ☐   47) 11 x 13 = ☐

44) 18 x 14 = ☐   48) 15 x 19 = ☐

49) 12 x 15 = ☐   53) 24 x 8 = ☐

50) 19 x 15 = ☐   54) 32 x 6 = ☐

51) 31 x 8 = ☐   55) 23 x 2 = ☐

52) 24 x 4 = ☐   56) 21 x 1 = ☐

57) 25 x 6 = ☐   61) 24 x 3 = ☐

58) 27 x 2 = ☐   62) 21 x 4 = ☐

59) 32 x 7 = ☐   63) 34 x 4 = ☐

60) 24 x 5 = ☐   64) 26 x 6 = ☐

65) 30 x 8 = ☐   69) 21 x 9 = ☐

66) 35 x 9 = ☐   70) 26 x 2 = ☐

67) 35 x 4 = ☐   71) 21 x 7 = ☐

68) 31 x 2 = ☐   72) 26 x 7 = ☐

73) 34 x 8 = ☐   77) 34 x 7 = ☐

74) 33 x 4 = ☐   78) 34 x 2 = ☐

75) 21 x 6 = ☐   79) 27 x 9 = ☐

76) 27 x 9 = ☐   80) 35 x 8 = ☐

Multiplication with Decimals

Show your solutions in the space provided.

1) 15.73 x 4 = ☐   5) 9.48 x 5 = ☐

2) 6.89 x 8 = ☐   6) 1.05 x 7 = ☐

3) 7.19 x 2 = ☐   7) 15.42 x 6 = ☐

4) 8.33 x 6 = ☐   8) 24.80 x 4 = ☐

9) 17.44 x 9 = ☐   13) 23.37 x 3 = ☐

10) 18.68 x 9 = ☐   14) 7.12 x 1 = ☐

11) 9.30 x 7 = ☐   15) 10.61 x 4 = ☐

12) 0.09 x 2 = ☐   16) 16.09 x 7 = ☐

17) 2.79 x 7 = ☐   21) 8.89 x 2 = ☐

18) 10.03 x 8 = ☐   22) 11.75 x 6 = ☐

19) 20.03 x 4 = ☐   23) 20.51 x 4 = ☐

20) 10.20 x 7 = ☐   24) 21.61 x 3 = ☐

25) 13.83 x 8 = ☐   29) 8.43 x 5 = ☐

26) 2.60 x 5 = ☐   30) 11.09 x 1 = ☐

27) 5.12 x 4 = ☐   31) 13.43 x 3 = ☐

28) 19.10 x 4 = ☐   32) 41.22 x 2 = ☐

33) 38.99 x 3 = ☐   37) 37.30 x 2 = ☐

34) 41.11 x 1 = ☐   38) 13.15 x 1 = ☐

35) 29.90 x 1 = ☐   39) 43.36 x 3 = ☐

36) 33.43 x 3 = ☐   40) 23.65 x 1 = ☐

41) 48.71 x 1 = ☐   45) 46.55 x 2 = ☐

42) 49.17 x 2 = ☐   46) 9.82 x 2 = ☐

43) 46.70 x 3 = ☐   47) 9.35 x 3 = ☐

44) 7.68 x 2 = ☐   48) 16.29 x 3 = ☐

49) 19.45 x 2 = ☐   53) 38.81 x 4 = ☐

50) 36.23 x 1 = ☐   54) 16.81 x 4 = ☐

51) 14.78 x 2 = ☐   55) 38.68 x 4 = ☐

52) 17.73 x 2 = ☐   56) 8.95 x 3 = ☐

57) 42.21 x 4 = ☐   61) 7.71 x 4 = ☐

58) 11.33 x 2 = ☐   62) 43.44 x 2 = ☐

59) 48.52 x 3 = ☐   63) 46.05 x 2 = ☐

60) 45.87 x 2 = ☐   64) 42.16 x 4 = ☐

65) 38.65 x 3 = ☐   69) 31.07 x 4 = ☐

66) 12.41 x 4 = ☐   70) 32.75 x 3 = ☐

67) 22.38 x 3 = ☐   71) 1.08 x 4 = ☐

68) 19.75 x 2 = ☐   72) 13.35 x 3 = ☐

73) 28.18 x 3 = ☐   77) 47.81 x 3 = ☐

74) 47.83 x 2 = ☐   78) 8.99 x 3 = ☐

75) 2.31 x 3 = ☐   79) 42.36 x 4 = ☐

76) 36.02 x 2 = ☐   80) 24.15 x 4 = ☐

Target Circles

Complete the circle by multiplying the number in the center by the middle ring to get the outer numbers.

1)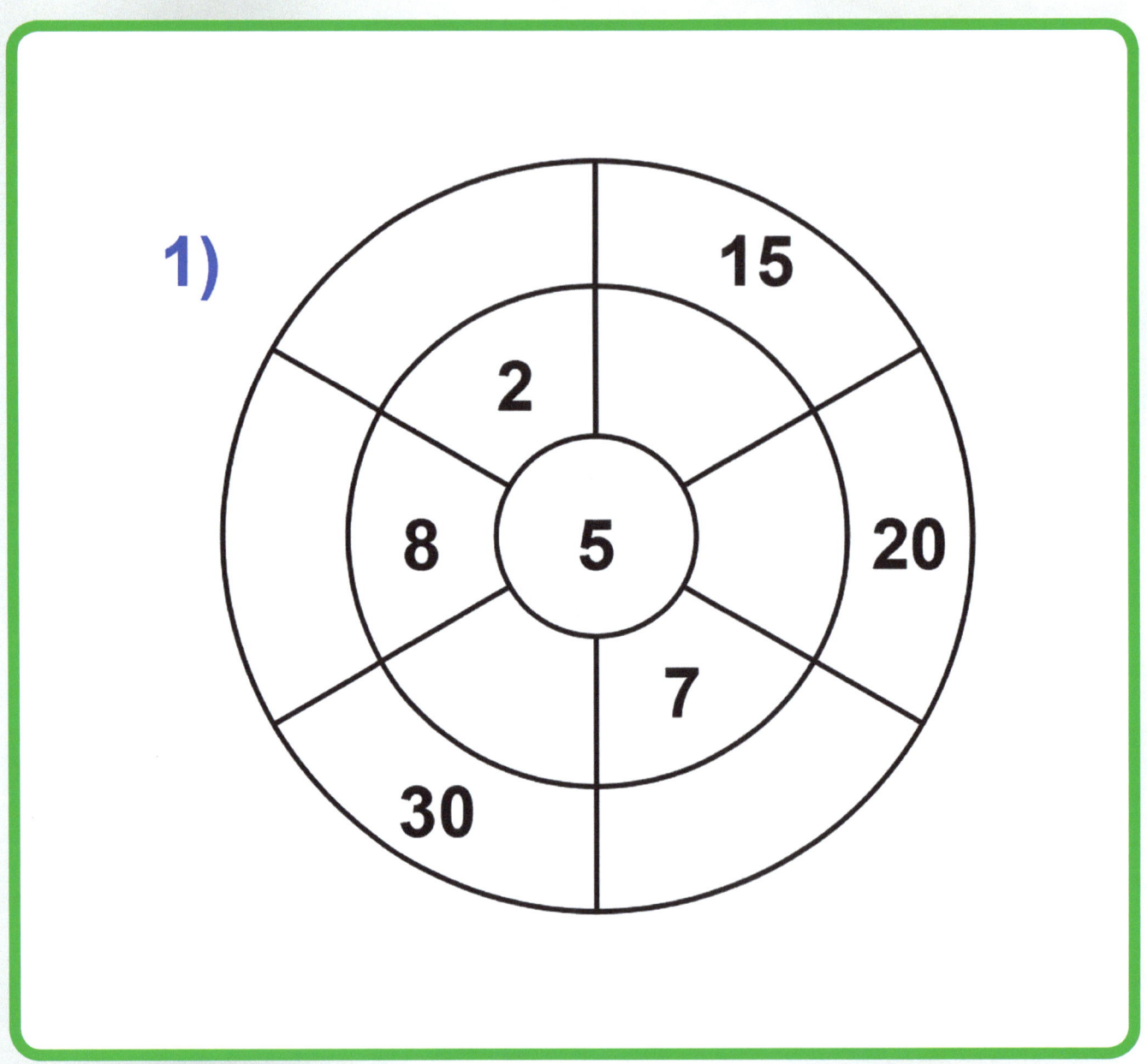

2)
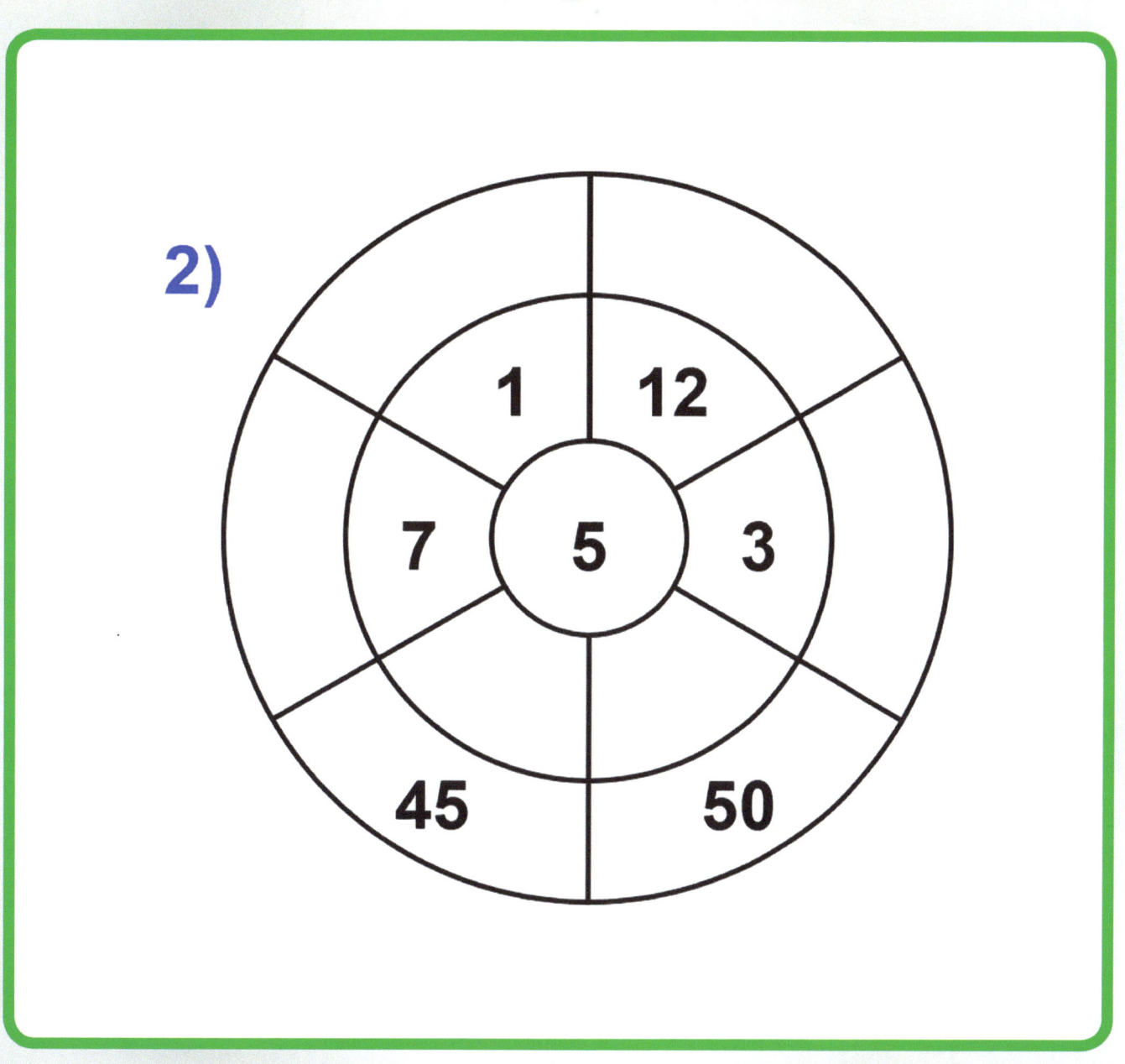

3)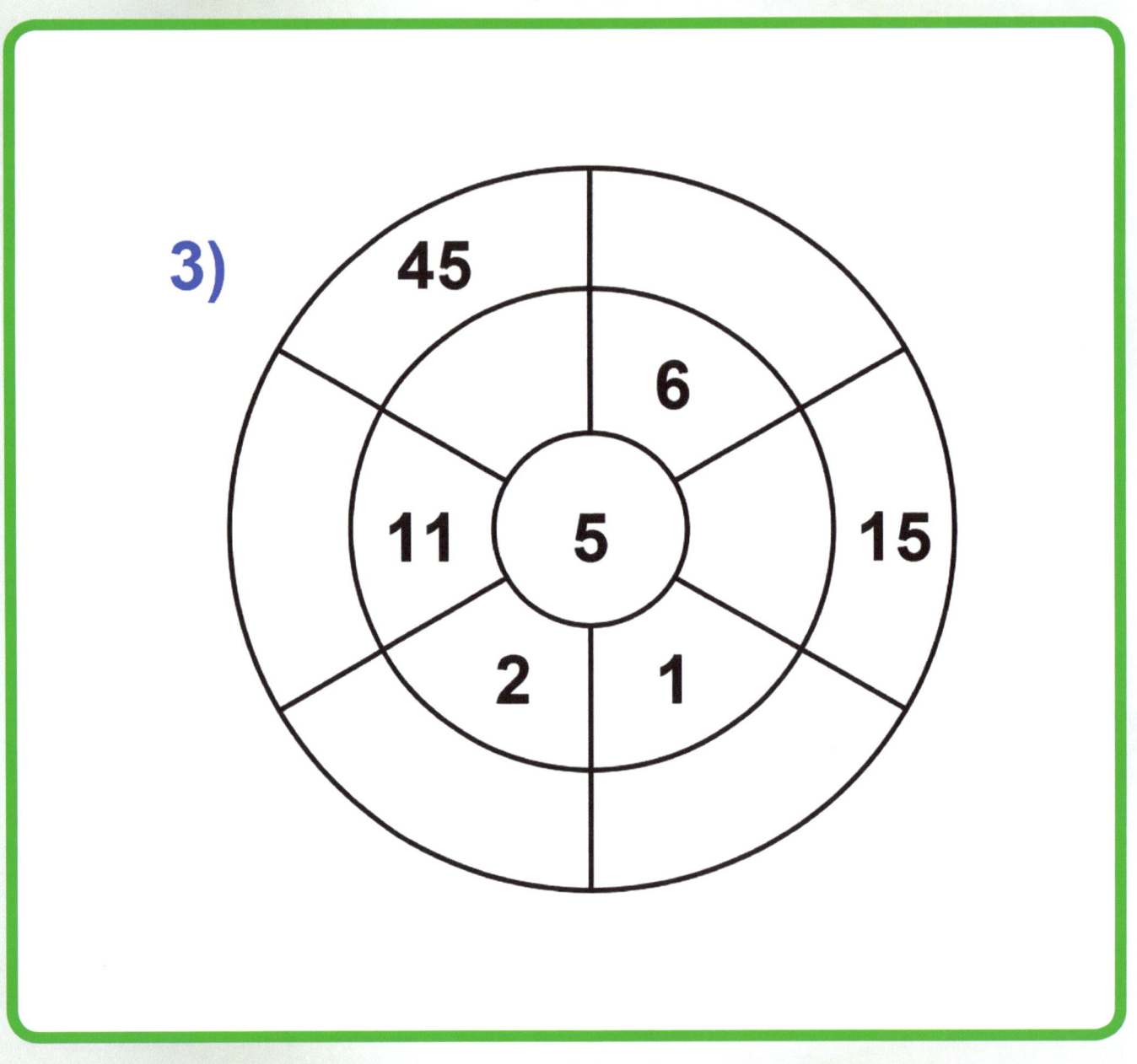

4)
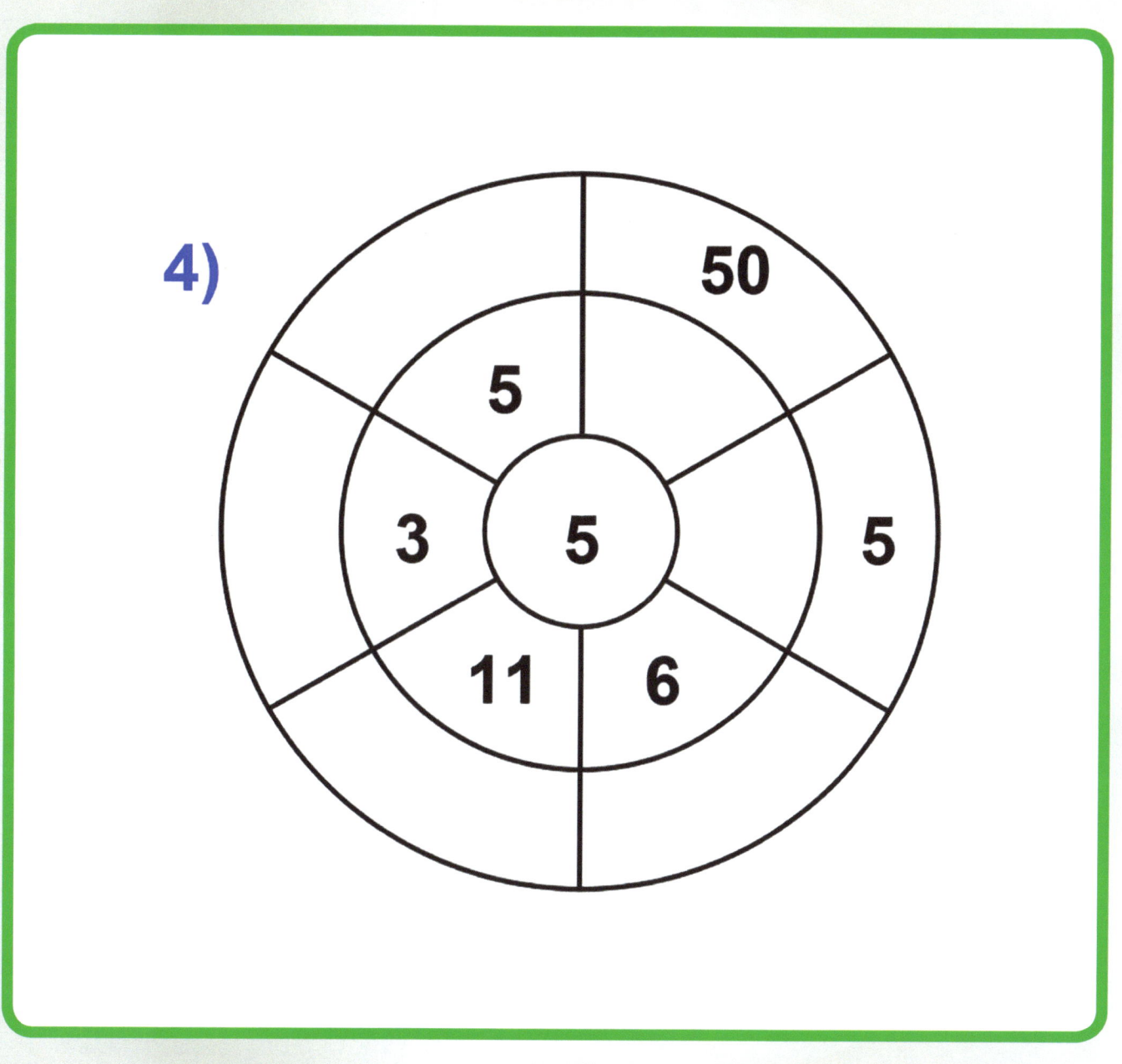

5)
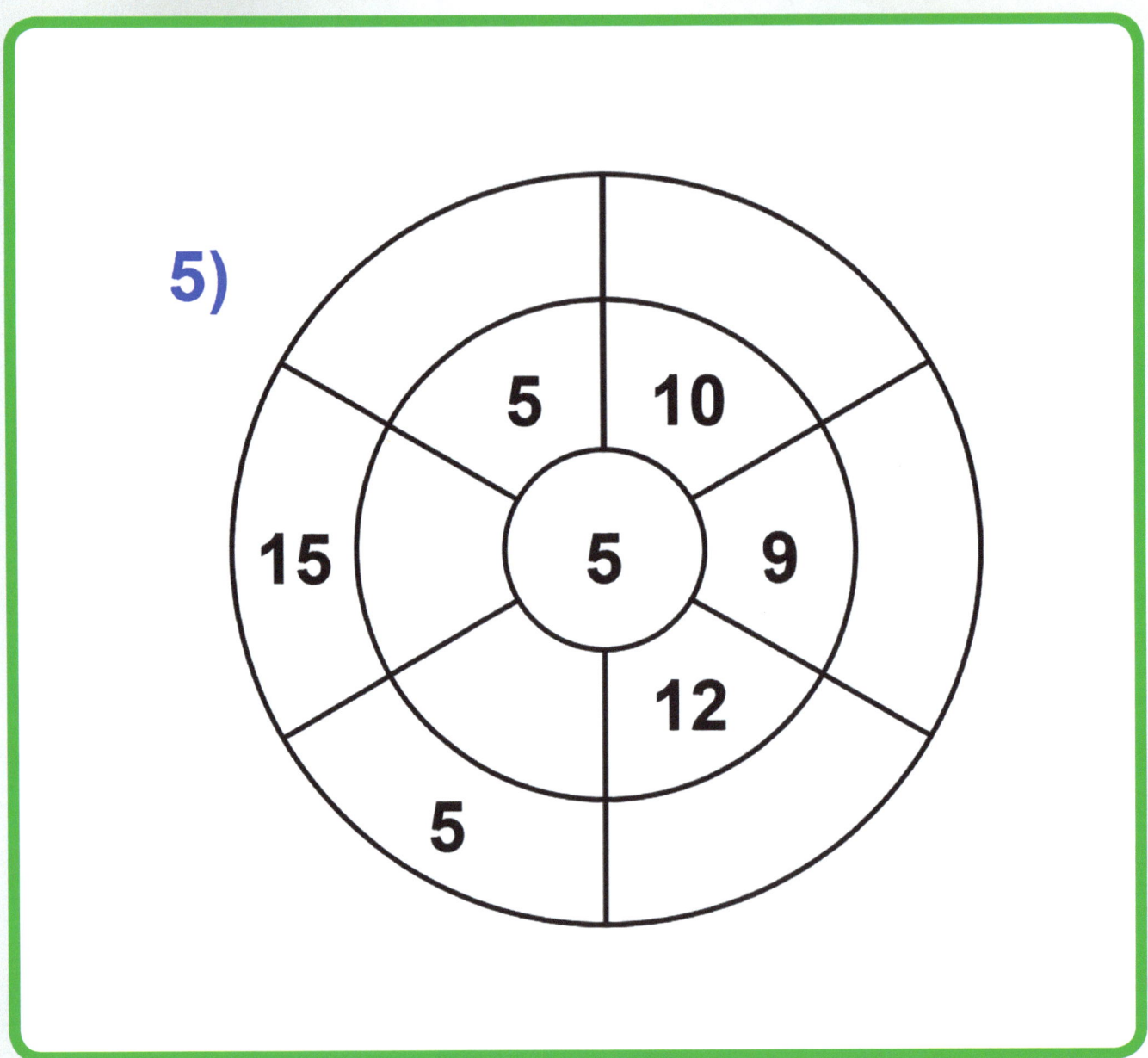

6)

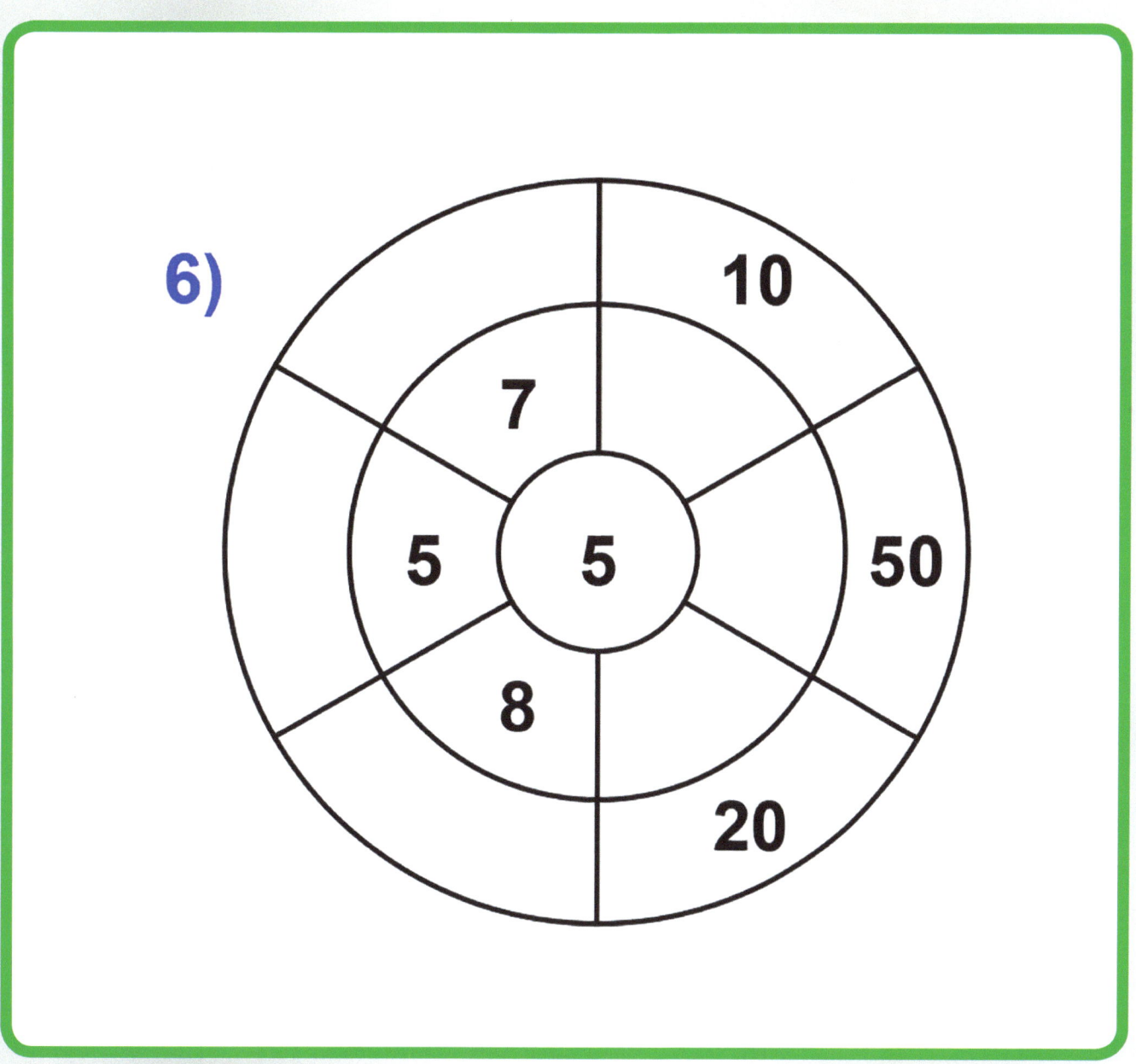

7)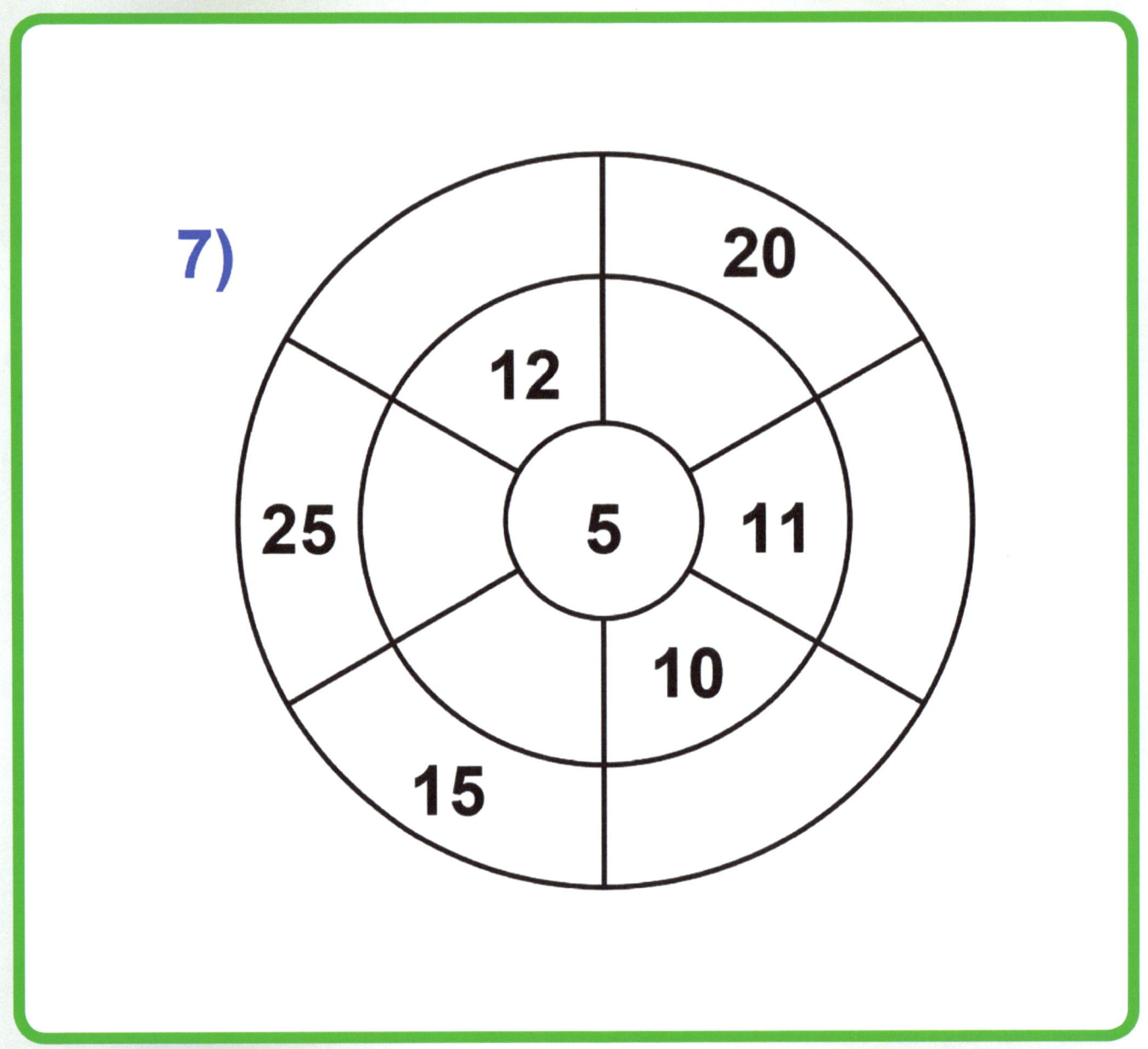

8)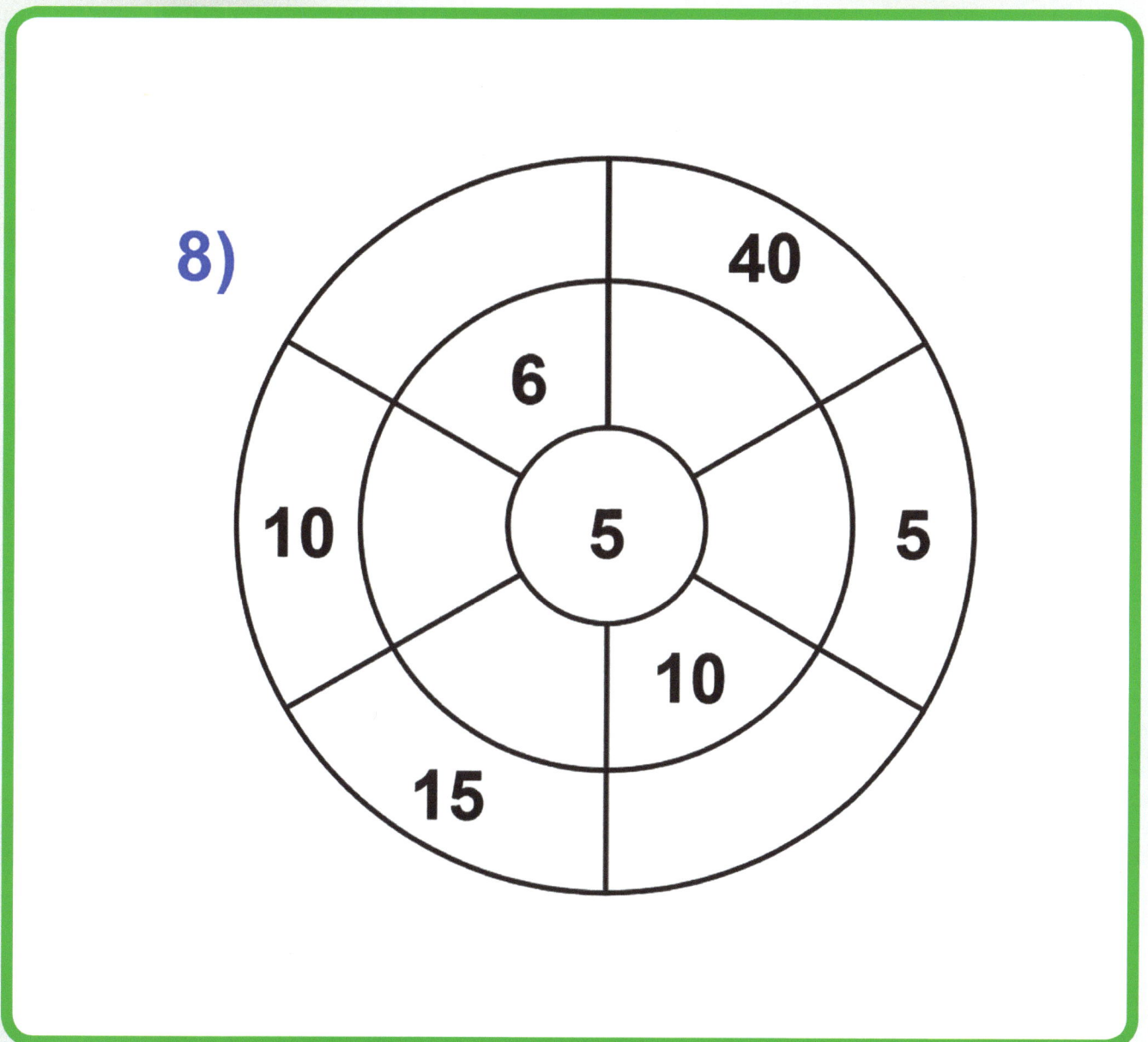

9)
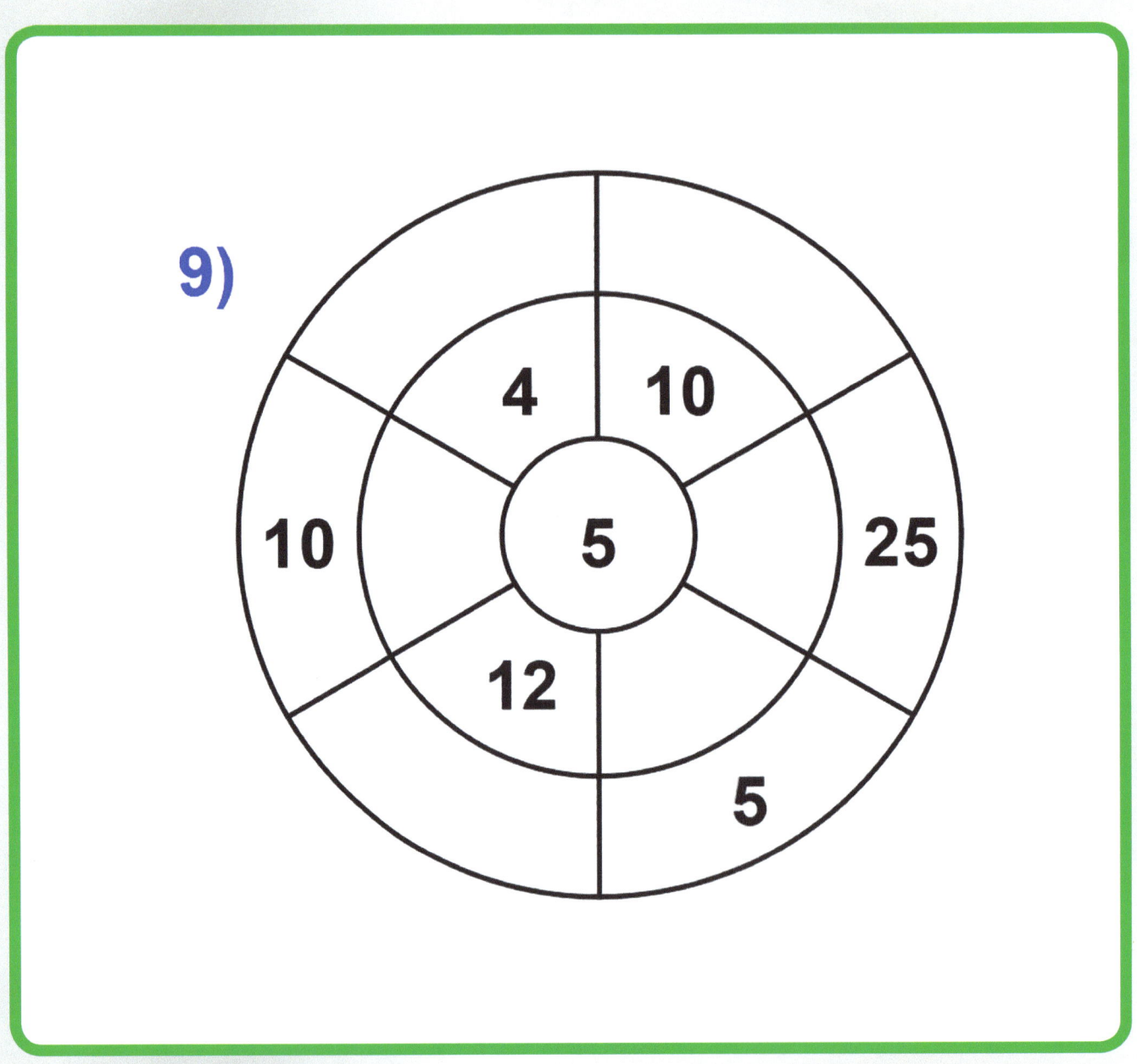

ANSWERS

1)	72	21)	260	41)	289	61)	72
2)	56	22)	117	42)	130	62)	84
3)	25	23)	153	43)	234	63)	136
4)	96	24)	108	44)	252	64)	156
5)	2	25)	187	45)	260	65)	240
6)	80	26)	88	46)	224	66)	315
7)	70	27)	152	47)	143	67)	140
8)	52	28)	55	48)	285	68)	62
9)	99	29)	117	49)	180	69)	189
10)	52	30)	209	50)	285	70)	52
11)	104	31)	176	51)	248	71)	147
12)	12	32)	17	52)	96	72)	182
13)	91	33)	108	53)	192	73)	272
14)	4	34)	136	54)	192	74)	132
15)	88	35)	169	55)	46	75)	126
16)	170	36)	270	56)	21	76)	243
17)	156	37)	75	57)	150	77)	238
18)	26	38)	340	58)	54	78)	68
19)	187	39)	252	59)	224	79)	243
20)	45	40)	320	60)	120	80)	280

1)	62.93	21)	17.79	41)	48.71	61)	30.84
2)	55.12	22)	70.48	42)	98.34	62)	86.88
3)	14.38	23)	82.03	43)	140.11	63)	92.10
4)	49.97	24)	64.84	44)	15.36	64)	168.64
5)	47.39	25)	110.68	45)	93.10	65)	115.96
6)	7.33	26)	13.02	46)	19.64	66)	49.62
7)	92.53	27)	20.47	47)	28.05	67)	67.13
8)	99.21	28)	76.40	48)	48.88	68)	39.51
9)	156.92	29)	42.14	49)	38.89	69)	124.28
10)	168.14	30)	11.09	50)	36.23	70)	98.24
11)	65.13	31)	40.29	51)	29.56	71)	4.33
12)	0.18	32)	82.45	52)	35.46	72)	40.06
13)	70.12	33)	116.98	53)	155.23	73)	84.55
14)	7.12	34)	41.11	54)	67.25	74)	95.66
15)	42.44	35)	29.90	55)	154.74	75)	6.93
16)	112.62	36)	100.30	56)	26.85	76)	72.03
17)	19.55	37)	74.60	57)	168.85	77)	143.43
18)	80.27	38)	13.15	58)	22.67	78)	26.96
19)	80.13	39)	130.07	59)	145.57	79)	169.43
20)	71.38	40)	23.65	60)	91.74	80)	96.62

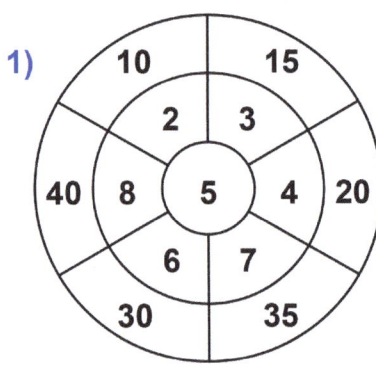
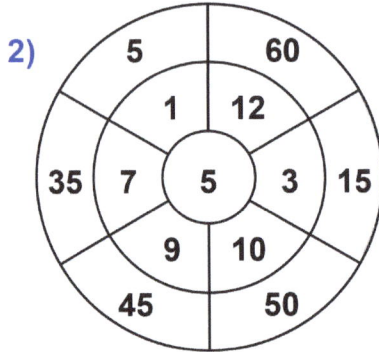
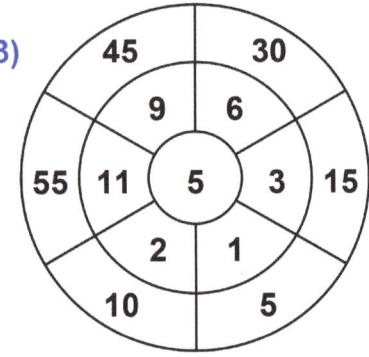
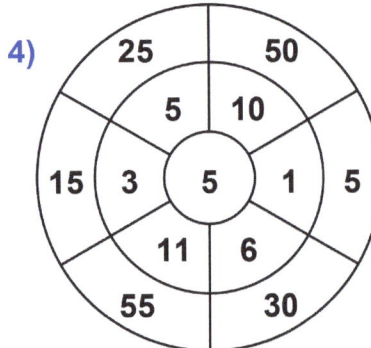
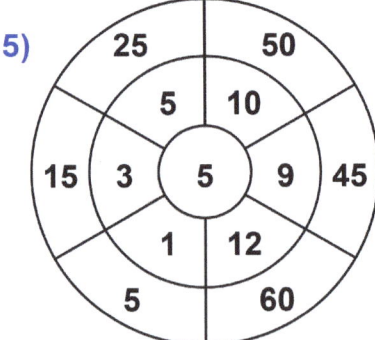